AF463785

HISTOLOGIE

DE LA

SCLÉROSE EN PLAQUES

LEÇON FAITE A L'HOSPICE DE LA SALPETRIÈRE PAR M. CHARCOT

Et recueillie par M. BOURNEVILLE

DÉPOT LÉGAL
Seine
Nº 1193
1869

PARIS
IMPRIMERIE L. POUPART-DAVYL
30, RUE DU BAC, 30

1869

Td 125 39

HISTOLOGIE

DE LA

SCLÉROSE EN PLAQUES

(Leçon faite à l'hospice de la Salpêtrière, par M. CHARCOT, et recueillie par M. BOURNEVILLE.)

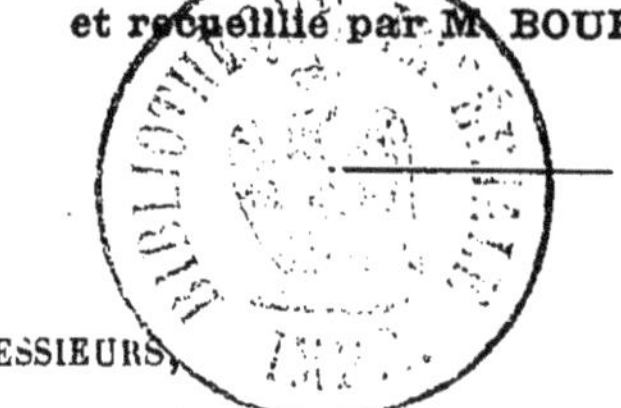

MESSIEURS,

Nous ne connaissons jusqu'ici les lésions de la sclérose en plaques que par leur côté extérieur, visible à l'œil nu. Cela n'est pas suffisant. Aussi, pour compléter ce que nous savons à cet égard, voulons-nous aujourd'hui entreprendre une tâche difficile : c'est-à-dire que, pénétrant plus avant dans l'étude des lésions, nous rechercherons quelles modifications subissent les éléments anatomiques, non pas seulement à telle ou telle époque du processus morbide, mais successivement à toutes ses phases.

Pour mener à bonne fin cette entreprise, qui se rapporte à des faits minutieux, d'une exposition laborieuse, je réclamerai à la fois et toute votre attention et toute votre indulgence.

La méthode à suivre est simple. Nous devons partir des conditions normales ; celles-ci une fois connues, il sera plus aisé d'en faire dériver les conditions morbides. La connaissance préalable des caractères de l'état normal, en ce qui concerne les organes et les éléments dont nous voulons étudier les altérations, vous est sans doute familière, et nous pourrions, à la rigueur, entrer de plain-pied dans l'examen des lésions intimes. Toutefois, vous le savez, l'anatomie histologique des centres nerveux est, sous quelques rapports, toute nouvelle ; bon nombre des questions qu'elle soulève sont encore en litige; et cependant, pour l'intelligence des lésions pathologiques, il n'est pas indifférent d'avoir sur ces questions une opinion plus ou moins motivée. Ces considérations nous engagent à vous remettre en mémoire, au moins sommairement, certains faits fondamentaux d'anatomie normale. D'ailleurs, nous nous occuperons surtout de la moelle épinière, organe moins complexe et d'un abord plus facile que ne l'est le cerveau. Mais, afin de limiter le champ de nos études, nous ne nous arrêterons pas à décrire les éléments nerveux proprement dits, tubes ou cellules, nous n'insisterons pas non plus sur leurs rapports réciproques ni sur le mode de groupement qu'ils affectent pour constituer ce que l'on nomme la substance blanche et la substance grise. Nous nous proposons de concentrer votre attention sur la gangue conjonctive qui de toutes parts enveloppe ces éléments. Un grand intérêt s'attache à l'histoire de cette gangue conjonctive, principalement pour le pathologiste; car c'est à elle qu'il faut attribuer le rôle capital dans certaines altérations des centres nerveux et en particulier dans les cas qui nous occupent (1).

I

1. — Il sera, je crois, avantageux d'inaugurer cette étude par l'examen de tranches minces, transparentes, pratiquées transversalement sur des tronçons de moelle convenablement durcis dans une solution d'acide chromique, et colorés par le carmin. Le carmin est ici un réactif précieux. Grâce à lui, certains éléments qui ont la propriété de se colorer sous son in-

(1) On sait que les premières études sur la gangue conjonctive de la moelle épinière remontent à 1810 et sont dues à Keuffel; mais ce que l'on sait moins, c'est que Cruveilhier, dans son article Apoplexie, du *Dictionnaire de médecine et de chirurgie pratiques*, publié en 1820, a mentionné « le tissu cellulaire sé« reux extrêmement délié qui unit et sépare les fibres cérébrales et qui forme « une trame excessivement tenue ». (*Loco cit.*, p. 209.)

fluence d'une teinte plus ou moins vive, sont par là mis en relief, alors que les autres conservent leur aspect ordinaire. Ainsi les cellules ganglionnaires, leur noyau, leur nucléole et aussi les prolongements de ces cellules, se colorent fortement sous l'influence de ce réactif. La gangue conjonctive se colore également dans tous les points de son étendue, à la vérité d'une manière bien moins prononcée; et, pour ce qui a trait aux tubes nerveux, seul le cylindre d'axe prend la couleur du carmin, tandis que l'enveloppe de myéline résiste complétement à son action.

Tous les détails que ce mode préparatoire met en relief, vous pourrez les suivre sur la planche d'après Deiters (1), que je vous présente; vous les retrouverez ensuite facilement sur les très-belles coupes que je vais faire passer sous vos yeux et que je dois à l'obligeance de notre confrère M. Lockhart Clarke; il conviendra d'examiner ces pièces d'abord à l'aide d'un faible grossissement.

Sur les préparations comme sur la planche, les parties qui appartiennent à la substance blanche de la moelle vous paraissent sans doute, au premier abord, presque entièrement composées de petits corps régulièrement arrondis, sortes de disques placés côte à côte et à peu près de même diamètre. Ce sont les tronçons cylindriques très-minces, résultant de la section des tubes nerveux, lesquels tubes sont là, dans cette partie de la moelle, disposés pour la plupart suivant le grand axe de l'organe, et, comme sont les prismes d'une chaussée basaltique, parallèlement les uns aux autres. Au centre des disques qui, dans le reste de leur étendue, sont constitués par la myéline non colorée, d'aspect brillant, translucide, figure comme un point, ou mieux comme un petit globule, le cylindre d'axe coloré en rouge.

Un examen un peu plus attentif fait constater bientôt que les disques en question ne sont pas exactement contigus, et qu'ils sont, au contraire, plus ou moins nettement séparés les uns des

(1) O. Deiters. *Untersuch. über Gehern undRukenmark*. Braunschweig, 1865. Planche III, fig. 12.

autres, par une substance d'apparence homogène, que le carmin colore légèrement et qui semble combler, à la manière d'un ciment, tous les vides que les éléments nerveux laissent entre eux. Cette substance n'est autre que la gangue conjonctive, comme nous l'appelions tout à l'heure, ou, autrement dit, la névroglie (Virchow), le réticulum (Kœlliker). En étudiant son mode de répartition et d'agencement sur les diverses parties de la coupe, vous reconnaîtrez aisément qu'elle entre pour une part très-importante dans la masse de l'organe. Remarquez en premier lieu qu'elle forme à la partie périphérique de la coupe, un anneau ou mieux une zone, d'une certaine épaisseur et où les tubes nerveux font absolument défaut. Cette zone est recouverte à l'extérieur et enveloppée, pour ainsi dire, par la pie-mère avec laquelle elle ne contracte que de faibles adhérences; elle est d'ailleurs parfaitement distincte, quant à sa structure, de cette dernière membrane, qui est composée de tissu conjonctif fibrillaire et par conséquent tout autrement que la névroglie. Elle a été décrite avec soin par Bidder et par Frommann, qui la désignent sous le nom de *couche corticale* du réticulum (Rindenschicht); nous verrons plus tard qu'elle présente parfois, au point de vue pathologique, un intérêt incontestable (1).

Du bord interne de cette zone ou couche corticale, on voit naître et se détacher, de distance en distance, des cloisons qui se dirigent vers le centre de la moelle, qu'ils partagent en compartiments triangulaires à peu près égaux, dont la base est à la périphérie et dont le sommet se perd dans la substance grise. Ces cloisons donnent elles-mêmes naissance, chemin faisant, à des tractus secondaires, puis tertiaires, qui se subdivisent aussi à leur tour. Leurs ramifications s'enchevêtrent, se croisent et s'anastomosent de manière à produire un réseau à mailles d'inégale dimension. De ces mailles, les plus larges réunissent, sous forme de faisceau, huit, dix tubes nerveux, ou même un plus grand nombre, tandis que les plus étroites n'en renferment,

(1) C. Frommann. *Untersuch. über die Normale und patholog. Anatom. des Ruckeumarkes.* Iéna, 1864.

le plus souvent, qu'un seul. La disposition réticulée dont il s'agit devient surtout évidente dans les points de la préparation, où, par suite de la disparition des tubes nerveux, le squelette conjonctif persiste seul.

Plus encore peut-être que dans la substance blanche, la névroglie joue, dans la substance grise, un rôle important ; il est, en effet, des régions de celle-ci qu'elle constitue d'une manière presque exclusive; tels sont, par exemple, les bords du canal central, le cordon de l'épendyme. Elle est prédominante aussi dans cette partie des cornes postérieures connue sous le nom de substance gélatineuse de Rolando; dans la commissure postérieure qui, en conséquence, prend dans sa presque totalité une teinte rosée sur les préparations traitées par le carmin, tandis que la commissure antérieure, au contraire, en raison des nombreux tubes nerveux à direction transversale qu'elle contient, est beaucoup moins affectée par le réactif. Dans la substance grise, d'ailleurs, de même que dans la substance blanche, la névroglie présente la structure réticulée; seulement, dans le premier cas, les intrications beaucoup plus multipliées des trabécules forment des mailles notablement plus serrées et font voir l'apparence d'un tissu spongieux. Dans ces deux conditions, du reste, elle sert de support aux vaisseaux sanguins.

B. — Il convient actuellement de rechercher, à l'aide de grossissements plus puissants, quelle est la constitution histologique de cette gangue conjonctive dont nous ne connaissons encore que les apparences les plus extérieures. S'agit-il là du tissu conjonctif ordinaire (tissu lamineux, fibrillaire)? Non, assurément; tout le monde s'entend sur ce point. Mais en dehors de cette notion purement négative, presque tout reste litigieux dans l'histoire histologique de la névroglie. Toutefois, une opinion tend ici à prévaloir, et cette opinion, si j'en juge d'après des impressions fondées sur des observations personnelles, se rapprocherait beaucoup de la réalité. D'après cette manière de voir, la névroglie serait faite, comme le stroma des glandes lymphatiques, par exemple, suivant le type du *tissu conjonctif simple réticulé* (Kœlliker) ; c'est-à-dire qu'elle serait essentiellement composée de cellules étoilées, en général pauvres en protoplasma, portant des prolongements grêles, plusieurs fois ramifiés et dont les branches communiquent les unes avec les autres, de manière à relier en un seul système les diverses cellules et à les rendre pour ainsi dire solidaires (Kœlliker (1), Max. Schultze, Frommann (2). Dans cette forme du tissu connectif, il n'existe que fort peu de substance amorphe dans les mailles du réticulum, et la substance intermédiaire fibrillaire qui est l'un des caractères fondamentaux du tissu lamineux, fait ici complétement défaut.

Voyons maintenant ce que l'observation directe permet de reconnaître sur des coupes minces de la moelle, durcies par l'acide chromique et colorées par le carmin. Comme dans le cas du stroma des glandes lymphatiques que nous prenions il y a un instant pour exemple, il importe ici de distinguer en premier lieu des cellules et en second lieu un réseau de trabécules fibroïdes qui relient ces cellules entre elles. Il s'agira d'abord de ce que l'on voit dans la substance blanche.

Les points du réticulum où plusieurs trabécules se rencontrent, forment çà et là des renflements ou *nœuds* plus ou moins épais, situés à peu près à égale distance les uns des autres. Or, chacun de ces nœuds, ceux surtout qui se font remarquer par leur grande dimension, présentent vers leur partie centrale un corps figuré, arrondi ou légèrement ovalaire, plus vivement coloré par le carmin que ne le sont les parties avoisinantes. Ces corps sont des noyaux à contour net, finement grenus, dépourvus de nucléoles et mesurant en moyenne de 0 m. 004 à 0,007. Ils se montrent solubles dans l'acide acétique qui les fait se contracter dans tous les sens et diminue leur diamètre quelquefois de moitié; on les connaît sous le nom de *myélocytes* (Ch. Robin) (3) ou de *noyaux de la névroglie* (Virchow) (4). Une mince couche de protoplasma, sans apparence cellulaire dis-

---

(1) Kœlliker. *Geweblehre*, 5ᵉ édit. Leipzig, 1867, § 108.
(2) *Loco cit.*
(3) Robin. *Programme du cours d'histologie*, 1864, p. 46. — *Dictionn. encyclopédique*, 2ᵉ sér., t. I, Iʳᵉ part., art. *Lamineux*, p. 284.
(4) Virchow. *Die Kraekhaft. Geschwülste*, 1864-65, t. II, p. 127.

tincte, entoure le plus souvent ces noyaux (myélocytes, variété noyau) qui d'autres fois, au contraire, sont renfermés dans une véritable cellule arrondie ou étoilée (myélocytes, variété cellule), et munis de prolongements plus ou moins nombreux (de 3 à 10 d'après Frommann), plus ou moins allongés (1). Les prolongements paraissent faire corps avec les trabécules du réticulum qui les continuent, pour ainsi dire, sans ligne de démarcation appréciable; dans le cas où la forme cellulaire n'est pas distincte, les noyaux, nus ou recouverts seulement d'une mince couche de protoplasma, apparaissent comme des centres d'où naissent les trabécules du réticulum et d'où elles irradient pour se porter dans diverses directions.

Les trabécules doivent être étudiées à leur tour et considérées indépendamment des connexions qu'elles peuvent avoir soit avec les noyaux, soit avec les cellules qui occupent les nœuds du réticulum; leur texture varie quelque peu selon que l'on examine des coupes transversales ou des coupes longitudinales. Dans le premier cas, elles simulent de minces cloisons homogènes, brillantes, d'aspect fibroïde. En s'anastomosant, elles forment des mailles dont les plus étroites sont assez larges encore pour contenir un tube nerveux. S'agit-il de coupes longitudinales? On voit les trabécules se ramifier presque à l'infini et produire un réseau à mailles beaucoup plus fines. Ce réseau est d'ailleurs disposé sous forme de cloisons qui séparent les uns des autres les tubes nerveux et les entourent à la manière d'une gaîne. Les vides qui existent çà et là, entre les gaînes et les tubes nerveux, semblent comblés par une petite quantité d'une matière amorphe, finement grenue. Nulle part on ne rencontre, dans l'état normal, au milieu de ces trabécules les minces fibrilles qui font partie intégrante du tissu lamineux.

Dans la substance grise, la névroglie est faite sur le même plan général; seulement, les mailles du réseau fibroïde, surtout dans les points où les éléments nerveux manquent, y sont plus serrées que dans la substance blanche; et de là résulte l'aspect

(1) Voir sur ce sujet : Hayem et Magnan. *Journal de la Physiologie*, etc., nº 1, 1867. — Hayem. *Études sur les diverses formes d'encéphalite*, 1868.

spongieux que nous avons déjà mentionné. Ajoutons que les cellules étoilées se montrent plus nombreuses que partout ailleurs dans certaines régions de la substance grise et qu'elles sont parfois tellement développées qu'il devient fort difficile de les distinguer des cellules nerveuses; mais nous aurons l'occasion d'insister sur ce dernier point.

Un réseau fibroïde dense, à mailles étroites, des cellules nombreuses se retrouvent aussi dans les parties des faisceaux blancs où n'existent pas de tubes nerveux, dans la couche corticale (Rindenschicht), par exemple, et dans les grandes cloisons qui y prennent leur origine.

Si l'on s'en rapporte à la description qui précède, la névroglie mérite incontestablement d'être rattachée au type du tissu conjonctif réticulé, dont nous rappellions tout à l'heure les caractères essentiels.

Mais cette description a été tracée principalement, — vous ne l'avez pas oublié, — d'après des observations faites sur des fragments de moelle qui ont subi, pendant un temps plus ou moins long, l'action de l'acide chromique. Or, les résultats obtenus à l'aide de ce mode de préparation sont-ils à l'abri de la critique? Telle n'est pas l'opinion de quelques auteurs, parmi lesquels il faut citer, au premier rang, des maîtres tels que Henle et Ch. Robin (1). Suivant eux, le réticulum fibroïde, décrit plus haut, n'aurait pas d'existence réelle; ce serait un produit de l'art. A l'état frais, avant l'intervention des réactifs, les espaces intermédiaires aux tubes nerveux seraient remplis, non par des trabécules solides formant par leur agencement, les mailles d'un réseau, mais tout simplement par une matière amorphe, molle, grisâtre, finement grenue, au sein de laquelle les myélocytes seraient comme suspendus.

Cette matière ayant la propriété de se durcir, sans perdre de son volume, sous l'influence de l'alcool et de divers acides, de l'acide chromique en particulier, c'est à cette circonstance qu'elle devrait de se présenter, sur les préparations traitées par ce dernier agent, sous la forme d'un appareil réti-

(1) *Dict. encyclopédique*, *loco cit.*

culé. A ces objections ont été opposés des arguments, ou pour mieux dire des faits, dont quelques-uns ont, croyons-nous, une valeur à peu près absolue. On reconnaît qu'il existe à l'état normal, interposée aux éléments nerveux, — à la vérité en faible proportion, — de la matière amorphe possédant les caractères qui viennent d'être indiquées (Kœlliker); on reconnaît également que sur les pièces fraîches, le réticulum est moins nettement dessiné que sur les pièces durcies par les acides. Mais il n'en est pas moins vrai que, même à l'état frais, les coupes fines de la substance blanche de la moelle, placées dans le sérum iodé et dilacérées sous le microscope, laissent voir nettement sur leurs bords les tractus fibroïdes du tissu conjonctif (Kœlliker, Frommann, Schultze). Ce résultat, facile à obtenir dans les conditions normales, s'accuse encore mieux dans certaines circonstances pathologiques ou les dispositions normales se montrent exagérées, sans être encore foncièrement modifiées (Virchow).

C'est ce qui a lieu, entre autres, ainsi que nous le dirons, dans la myélite interstitielle subaiguë, et dans la sclérose proprement dite, lorsque l'altération n'a pas encore dépassé les premières phases de son évolution.

De tout cela on a conclu, — et nous croyons la conclusion légitime, — que, dans l'espèce, l'acide chromique n'a pas d'autre effet que de mettre mieux en relief la texture réticulée de la gangue conjonctive de la moelle épinière. Cette disposition préexiste; elle ne se produit pas de toutes pièces sous l'action du réactif.

Pour en finir avec les remarques que j'ai cru devoir vous présenter relativement à l'histologie normale du centre nerveux spinal, je n'ai plus qu'un mot à ajouter touchant une particularité anatomique qu'offrent les plus petits vaisseaux, principalement les capillaires artériels, dans l'épaisseur de cet organe. Ils possèdent, comme les artérioles intra-encéphaliques, cette tunique surnuméraire que l'on désigne communément sous les noms de gaîne lymphatique ou encore de gaîne de Robin Un espace libre, rempli par un liquide transparent, où flottent quelques éléments figurés, sépare, vous le savez, cette gaîne de la tunique adventice. Vous reconnaîtrez bientôt l'intérêt qui s'attache à cette disposition anatomique lorsqu'il s'agira d'interpréter certaines lésions.

II

Après ces préliminaires, il nous devient facile, Messieurs, d'aborder l'étude des altérations histologiques de la moelle dans la *sclérose en plaques*. La description de ces altérations que nous allons vous présenter sera fondée surtout sur les résultats des investigations auxquelles nous nous sommes livrés depuis longtemps M. Vulpian et moi. Nous aurons en outre plusieurs fois l'occasion de mettre à profit, après contrôle, les recherches faites antérieurement, ou depuis lors, sur le même sujet, par Valentiner (1), Rindfleisch (2), Zenker (3) et surtout par Frommann qui, à propos de l'examen d'un petit fragment de moelle, a écrit un gros livre accompagné de planches remarquables et riche en documents précieux (4).

Nous décrirons en premier lieu ce que l'on peut observer 1° sur des coupes transversales; 2° sur des coupes longitudinales, provenant de fragments de moelle durcie par l'acide chromique; nous décrirons ensuite, d'après l'examen de pièces fraîches, quelques particularités non reconnaissables sur les coupes durcies. Dans les deux cas, la coloration des parties produites à l'aide de la solution ammoniacale de carmin sera, comme pour les recherches relatives à l'état normal, un auxiliaire d'une grande utilité, et qu'il sera bon de mettre en œuvre.

---

(1) Valentiner. *Deutsch. Klinik.* 1856, p. 149.

(2) Rindfleisch. *Virchow's Archiv.*, 1863, t. XXVI, p. 474.

(3) Zenker. *Zeitsch- der Rationn. mediz.*, 1865. Bd XXIII 3. Reih., p. 226.

(4) Frommann. 2. theil. Jena, 1867. — Voir aussi : Rokitansky. *Sitzungsber.* K. M. Klasse, t. XIII, 1851, p. 136. — Charcot. *Soc. de Biologie*, 1868. — Bouchard. *Soc. anat.* 1868. — Hayem. *Études*, etc., *loco cit* , p. 121.

A. — Lorsque l'on examine à l'œil nu un tronçon de moelle portant une plaque de sclérose, il semble que les parties malades se séparent des parties saines d'une manière heurtée, sans transition, par une ligne de démarcation nettement tranchée. Or, c'est là une illusion. L'étude microscopique, en effet, permet de constater, même à de faibles grossissements, que les parties, saines en apparence, qui confinent au noyau scléreux, présentent, dans un rayon d'une certaine étendue, des traces d'altération déjà fort évidentes. Si l'on franchit la limite apparente du tissu sain, les lésions se montrent plus accentuées et elles se prononcent progressivement, de plus en plus, à mesure que l'on approche de la région centrale de la plaque, région où elles acquièrent leur plus haut degré de développement. En procédant ainsi des parties périphériques vers les parties centrales, on est conduit à reconnaître l'existence de plusieurs zones concentriques, répondant aux phases principales de l'altération (1).

a. Dans la *zone périphérique*, on observe ce qui suit : les trabécules du réticulum se sont notablement épaissies ; quelquefois elles ont acquis un diamètre double de ce qu'il est dans l'état normal. En même temps, les noyaux qui occupent les nœuds du réticulum sont devenus plus volumineux ; parfois ils se sont multipliés, et l'on en peut compter deux, trois, rarement plus, dans chaque nœud (2) ; la forme cellulaire se montre là plus distincte par suite de l'épaississement des trabécules ; les tubes nerveux paraissent plus distants les uns des autres ; en réalité, ils ont surtout diminué de volume, et cette sorte d'atrophie s'est faite aux dépens du cylindre de myéline, car le cylindre d'axe a conservé son diamètre normal où même il s'est hypertrophié. La matière amorphe qui recouvre de toutes parts les fibres du réticulum, paraît plus abondante que dans l'état sain (3).

(1) Charcot. *Soc. de Biolog.*, 1868.

(2) Parfois quelques-uns de ces noyaux présentent vers leur partie moyenne un étranglement qui semble indiquer un commencement de scission.

(3) Frommann. 2 *theil*, pl. II, fig. 1 et *passim*.

b. Les tubes nerveux, dans la *deuxième zone*, que l'on pourrait appeler *zone de transition*, sont devenus encore plus grêles. Beaucoup d'entre eux semblent avoir disparu; en réalité, ils se sont seulement dépouillés de leur cylindre de myéline et ne sont plus représentés que par le cylindre d'axe qui, à la vérité, a parfois acquis des dimensions relativement colossales (1). Quant aux trabécules du réticulum, elles offrent des altérations non moins remarquables. En effet, elles ont plus de transparence, leurs contours sont moins accusés; enfin, en certains endroits — et c'est là un fait vraiment fondamental — elles sont remplacées par des faisceaux de longues et minces *fibrilles*, fort analogues à celles qui caractérisent le tissu conjonctif ordinaire (tissu lamineux). Ces fibrilles sont disposées parallèlement au grand axe des tubes nerveux : c'est pourquoi on n'en aperçoit guère, sur les coupes transversales, que les extrémités qui, par leur réunion, figurent un pointillé très-fin. Elles tendent, nous l'avons dit, à se substituer aux fibres ou trabécules du réticulum; mais, en outre, elles envahissent les mailles qui contiennent les tubes nerveux, à mesure que ceux-ci s'amoindrissent en se dépouillant de leur myéline, et, en conséquence, l'aspect réticulé ou alvéolaire si distinct que présente à l'état normal la gangue conjonctive, tend à s'effacer de plus en plus (2).

c. C'est — vous le savez — dans la *région centrale* de la plaque scléreuse que l'on observe les altérations le plus prononcées. Ici, toute trace du réticulum fibroïde a disparu; on ne rencontre plus ni trabécules ni formes cellulaires distinctes; les noyaux sont moins nombreux, moins volumineux qu'ils ne l'étaient dans les zones périphériques; ils se sont rétrécis dans tous les sens, paraissent comme ratatinés et ne prennent plus sous l'influence du carmin une coloration aussi foncée (3); on les retrouve, çà et là, formant parfois de petits groupes dans les intervalles que laissent entre eux les faisceaux de fibrilles.

(1) Frommann, Charcot.
(2) Frommann, 2 *theil.*, *loc. cit.*, pl. IV, fig. 1, 2, 3.
(3) Frommann, Charcot.

Celles-ci, d'ailleurs, ont tout envahi ; elles comblent maintenant les espaces alvéolaires d'où la myéline a totalement disparu. Néanmoins les cylindres d'axe, derniers vestiges des tubes nerveux, persistent encore en certain nombre, entremêlés aux fibrilles; mais ils n'ont plus, en général, ce volume relativement énorme qu'ils avaient quelquefois dans les premières phases de l'altération; la plupart même se sont amoindris à tel point qu'ils ressemblent, à s'y méprendre, aux filaments fibrillaires de formation nouvelle dont nous apprendrons cependant tout à l'heure à les distinguer.

Tel est, Messieurs, le dernier terme du processus morbide, dans la forme de sclérose qui nous occupe; et cette persistance, pour ainsi dire indéfinie, d'un certain nombre de cylindres axiles au milieu des parties qui ont subi, au plus haut degré, la métamorphose fibrillaire, est, — remarquez-le bien, — un caractère qui paraît appartenir en propre à la sclérose en plaques; elle ne s'observe certainement pas, du moins au même degré, dans les autres variétés de l'induration grise, soit qu'il s'agisse de la sclérose spinale descendante, consécutive aux lésions du cerveau, ou de celle qui, occupant primitivement les cordons postérieurs, est considérée à juste titre comme le *substratum* anatomique de l'ataxie locomotrice progressive.

B. — Les résultats de l'examen des coupes longitudinales confirment dans leur ensemble les données qui viennent de vous être exposées; je puis donc vous épargner de plus longs détails, et me borner aux remarques suivantes qui nous feront mieux connaître, sous quelques rapports, le tissu fibrillaire de formation nouvelle. C'est sur les coupes de ce genre que l'on saisit bien les caractères de ce tissu, que l'on peut le mieux apprécier la direction longitudinale des fibrilles, leur aspect brillant qui les fait ressembler aux fibres élastiques, leur agencement sous forme de faisceaux légèrement ondulés et toujours parallèles En dilacérant ces faisceaux, on reconnaît que les fibrilles qui les composent sont extrêmement ténues, qu'elles sont opaques, lisses, qu'elles se divisent et s'anastomosent rarement, tandis qu'elles s'entrelacent, au contraire, et s'intriquent fréquemment de manière à figurer une espèce de feutrage, qu'enfin elles se colorent à peine sous l'influence du carmin (fig 1.) Ces derniers caractères les différencient suffisamment des

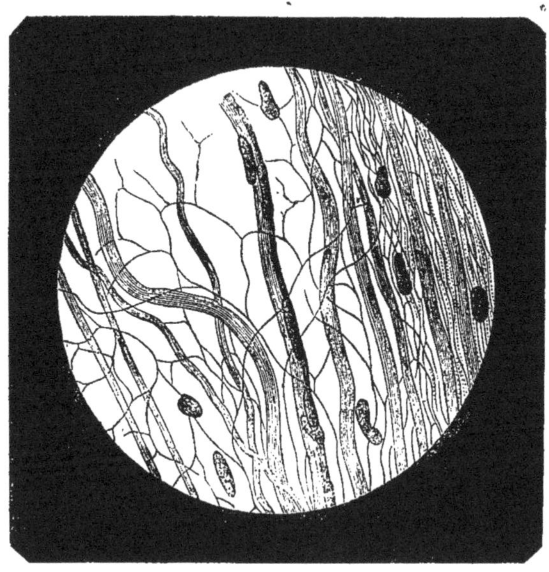

Fig. 1. — Elle représente une préparation fraîche, provenant du centre d'une plaque scléreuse, coloriée par le carmin et traitée par dilacération. Au centre, vaisseau capillaire portant plusieurs noyaux. A droite et à gauche, cylindres d'axe, les uns volumineux, les autres d'un très-petit diamètre, tous dépouillés de leur myéline. Le vaisseau capillaire et les cylindres d'axe étaient fortement colorés par le carmin. Les cylindres d'axe ont des bords parfaitement lisses, ne présentant aucune ramification. Dans l'intervalle des cylindres d'axe, minces fibrilles de formation récente, à peu près parallèles les unes aux autres dans la partie droite de la préparation, formant à gauche et au centre, une sorte de réseau résultant, soit de l'enchevêtrement, soit de l'anastomose des fibrilles. Celles-ci se distinguent des cylindres d'axe, 1° par leur diamètre qui est beaucoup moindre; 2° par les ramifications qu'elles offrent dans leur trajet; 3° parce qu'elles ne se colorent pas par le carmin. — Çà et et là, noyaux disséminés. Quelques-uns paraissant en connexion avec les fibrilles conjonctives; d'autres ayant pris une forme irrégulière, due à l'action de la solution ammoniacale de carmin.

cylindres d'axe qui, d'ailleurs, sont en général plus volumineux, translucides, et ne se ramifient jamais. Elles peuvent aussi se distinguer aisément des fibres du réticulum avec lesquelles elles se trouvent quelquefois entremêlées, en ce que ces dernières sont plus épaisses, plus courtes et constamment hérissées sur leurs bords de prolongements rameux; elles diffèrent enfin des fibres élastiques que l'on trouve si souvent mêlées au tissu conjonctif ordinaire par un caractère important: elles se gonflent sous l'influence de l'acide acétique et forment une masse hyaline, transparente, ce qui n'a pas lieu pour les fibres élastiques (1).

Peut-on entrer plus avant dans l'étude de ces fibrilles et chercher à saisir leur mode de formation; se produisent-elles, par exemple, comme le veut M. Frommann, en partie dans l'épaisseur même des fibres du réticulum qu'elles doivent remplacer bientôt, en partie aux dépens des cellules et des noyaux de la névroglie; naissent-elles, au contraire, comme d'autres le pensent, soit de la matière amorphe préexistante, soit d'un blastème nouvellement formé? Y a-t-il là, en d'autres termes, métamorphose ou substitution? La question, croyons-nous, doit rester encore indécise; tout ce que nous pouvons dire à cet égard, c'est que les fibrilles nous ont semblé parfois prendre racine dans la substance des noyaux ou des cellules, et que ce fait, s'il était confirmé, pourrait être invoqué à l'appui de la thèse soutenue par M. Frommann.

Je ne puis passer sous silence les altérations diverses que subissent les vaisseaux sanguins qui traversent les plaques de sclérose, altérations qui peuvent être bien étudiées sur les coupes longitudinales après durcissement par l'acide chromique. A l'origine, c'est-à-dire dans les zones périphériques, les parois de ces vaisseaux, même celles des plus fins capillaires, se montrent plus épaisses et renferment un plus grand nombre de noyaux qu'à l'état normal. Plus près du centre de la plaque, les noyaux se sont multipliés encore et, de plus, la tunique adventice se trouve remplacée par plusieurs couches de fibrilles en tout semblables à celles qui se sont développées simultanément dans l'épaisseur du réticulum (2). Enfin, au dernier

(1) Valentiner, Zenker, *loc. cit.* — Vulpian, *Cours de la Faculté*, 1868.
(2) Vulpian, *Cours de la Faculté*.

terme, les parois sont devenues tellement épaisses que le calibre du vaisseau s'en trouve notablement rétréci (1).

Je dois signaler aussi, en passant, la présence habituelle d'un certain nombre de corps amyloïdes au milieu du tissu fibrillaire. Mais je dois faire remarquer, en même temps, comme un fait singulier, que ces corps sont toujours moins abondants dans la sclérose en plaques que dans les autres variétés de l'induration grise.

C. — Ce n'est pas toujours sans difficultés que l'on parvient à retrouver, sur les pièces qui n'ont pas été préparées par l'acide chromique, tous les détails que je viens de vous faire connaître. Par contre, les pièces fraîches offrent cet avantage qu'elles permettent de constater certaines altérations, qui passeraient certainement inaperçues si l'on s'en tenait exclusivement à l'examen des pièces durcies. Je fais allusion, ici, à l'existence de globules et granulations d'apparence graisseuse ou médullaire que l'on rencontre à peu près constamment (2) en nombre plus ou moins considérable, dans l'épaisseur des parties sclérosées, à l'état frais, et qui ne tardent pas à disparaître sans laisser de traces, lorsque la préparation a séjourné quelque peu dans l'acide chromique. Or, Messieurs, la présence de ces granulations graisseuses se rattache à une phase importante du processus morbide; je veux parler de la destruction des tubes nerveux. C'est du moins là une vue que je chercherai à faire prévaloir. Toutefois, avant d'entrer dans les développements relatifs à ce point, je crois utile de prendre les choses d'un peu plus loin et de vous remettre en mémoire par une description sommaire, où je veux chercher surtout des termes de comparaison, les modifications de structure que subissent les nerfs périphériques alors que, par une section complète, ils ont été séparés des centres nerveux.

---

(1) Frommann, *loc. cit.*

(2) Le fait est du moins signalé par tous les auteurs qui ont examiné des pièces fraîches (Valentinier Rindfleisch). Il n'a manqué dans aucun des cas que j'ai examinés dans les mêmes circonstances. — Voyez aussi Rokitansky, *Bericht der Akad der Wissench. zu wien.*, t. XXIV, 1857.

Au préalable, je vous rappellerai que, dans les nerfs périphériques, les tubes nerveux sont essentiellement constitués, comme dans la moelle épinière, par un cylindre de matière médullaire ou myéline et par un cylindre d'axe; mais qu'ils possèdent, en outre, une gaîne conjonctive, la gaîne de Schwann qui, d'après les recherches les plus récentes (1), paraît ne pas exister sur les tubes plus grêles des centres nerveux, ou ne s'y montrer tout au moins qu'à l'état rudimentaire (2). Vous reconnaîtrez dans un instant que cette particularité anatomique, insignifiante en apparence, n'est pas dénuée d'intérêt au point de vue qui nous occupe.

Voici maintenant l'indication des phénomènes sur lesquels j'ai voulu appeler particulièrement votre attention : huit ou dix jours après la section du nerf, il se produit une sorte de coagulation de la substance médullaire du tube nerveux, en petites masses plus ou moins irrégulièrement globuleuses, à bords ondulés, sombres, présentant un double contour et ayant conservé, par conséquent, tous les caractères optiques de la myéline. Les jours suivants, la segmentation faisant de nouveaux progrès, la gaîne de Schwann de chaque tube nerveux renferme bientôt, non plus des masses irrégulières de myéline, mais bien des gouttes présentant l'aspect et les caractères micro-chimiques de la graisse. Ces gouttes, d'abord assez grosses, deviennent progressivement, par suite de la division qui continue à s'y opérer, de plus en plus petites, et finalement elles sont remplacées par des granulations très-fines ressemblant à une poussière qui remplirait la gaîne conjonctive. Des granulations plus pâles, de nature protéique, se trouvent en certaine proportion mêlées aux précédentes; enfin, globules et granulations disparaissent, et la gaîne de Schwann, revenue sur elle-même, se plisse si bien que, lorsqu'on examine un certain nombre de fibres nerveuses juxtaposées, ainsi altérées, on croirait voir, sur le champ

(1) Frey, *Handbuch der histologie*, etc., 2e édit., p. 354. Leipsig. — Schultze, *De retinæ structura*, 1867, p. 22. — Kœlliker, *Gewebelehre*, 5e édit., 1867, t. IV, p. 257.

(2) Vulpian, *Leçons sur la physiologie*. etc., p. 316.

du microscope, un faisceau de tissu conjonctif filamenteux. Que devient pendant ce temps le cylindre d'axe? Composé surtout de matière protéique, il résiste longtemps à l'action des causes qui ont détruit la myéline, car on le retrouve encore parfois, dans la gaîne, plusieurs semaines ou même plusieurs mois après la section du tronc nerveux (1).

En résumé, dans les conditions de nouvelles nutrition où se trouvent placés les tubes nerveux par suite de la section du nerf, la matière médullaire se coagule, puis se désagrége et donne naissance, d'un côté, à des molécules protéiques, de l'autre, à des corpuscules qui conservent d'abord les apparences de la myéline, mais qui, en conséquence d'une modification ultérieure, présentent bientôt tous les caractères des gouttelettes ou granulations graisseuses (2).

Revenons maintenant aux plaques de sclérose. Nous avons à étudier là des phénomènes pour le moins fort analogues à ceux dont je viens de vous entretenir.

Dans l'épaisseur du foyer sclérosé, sur les pièces fraîches, on rencontre à peu près constamment, nous vous l'avons dit déjà, et souvent en proportion considérable, des globules ou granules offrant d'une manière générale l'apparence de corps gras ; ces globules se présentent sous deux aspects principaux : les uns figurent des masses relativement volumineuses, dont les bords sombres, sinueux, dessinent, soit la forme d'un globule ovalaire irrégulier, soit celle d'une massue, quelquefois d'un rein (fig. 2). Ils offrent comme la myéline, dont ils se rapprochent du reste encore par d'autres caractères, un double contour. Les autres sont de véritables gouttelettes ou granulations graisseuses, tan-

(1) Voyez Vulpian, *Leçons de physiologie*, p. 237, 239. — Rindfleisch, *Lehrbuch der pathologisch. Gewebelehre*, p. 10 et 20, 1866.

(2) Suivant Robin, la myéline est une substance particulièrement riche en principes gras, et sous ce rapport elle peut être rapprochée du contenu des vésicules adipeuses (*Journal de l'anatomie*, 1868, n° 3, p. 309). — Walter (*Virchow's Archiv.*, 20, 426) a émis l'opinion qu'elle est constituée par un amalgame ou mélange de corps gras et de corps albuminoïdes qui ne feraient que se dissocier dans le cas de la dégénération des tubes nerveux. — Sur ce sujet, voyez encore Rindfleisch, *loc. cit.*, p. 20, § 52.

Charcot histologie de la sclérose

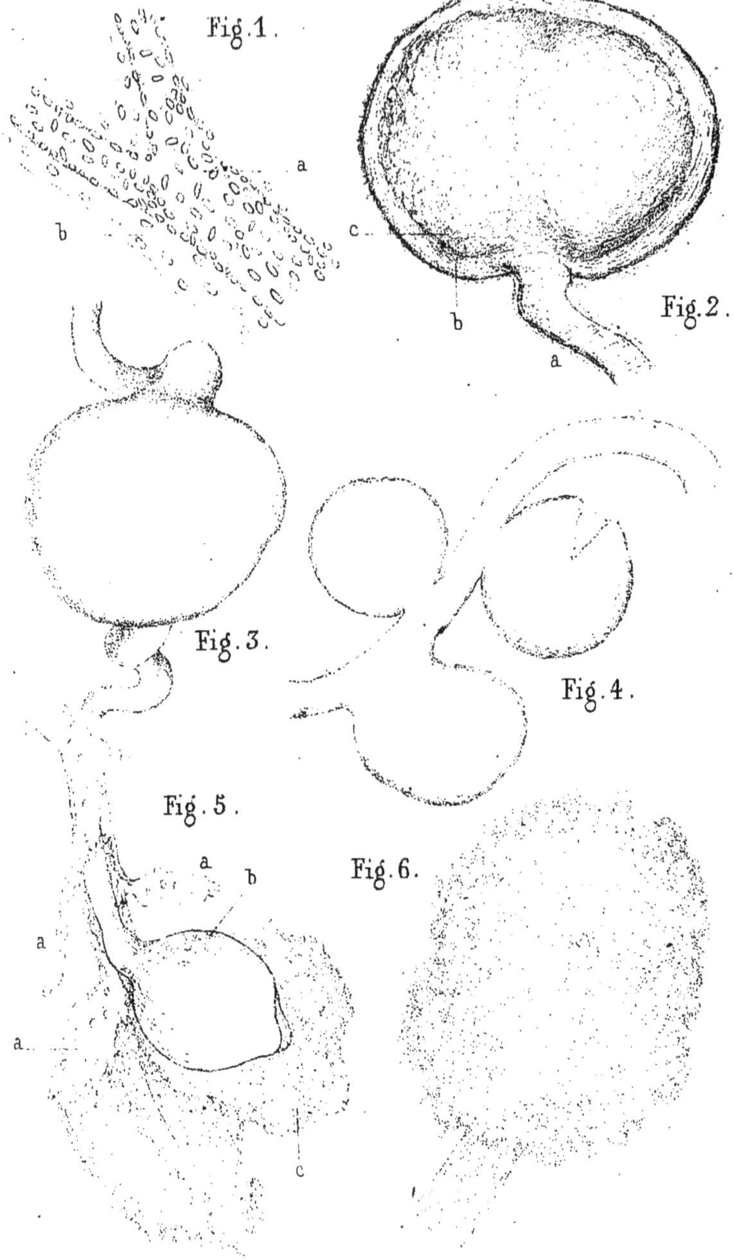

Fig. 1.

a

b

Fig. 2.

c

b

a

Fig. 3.

Fig. 4.

Fig. 5.

a

b

a

a

c

Fig. 6.

Charcot et Léon Tripier del. et lith.

Imp. Becquet, Paris.

BIBLIOTHEQUE NATIONALE R.F.

125

tôt libres, tantôt agglomérées de manière à constituer des amas confus ou des agrégats cohérents, autrement dit des *corps gra-*

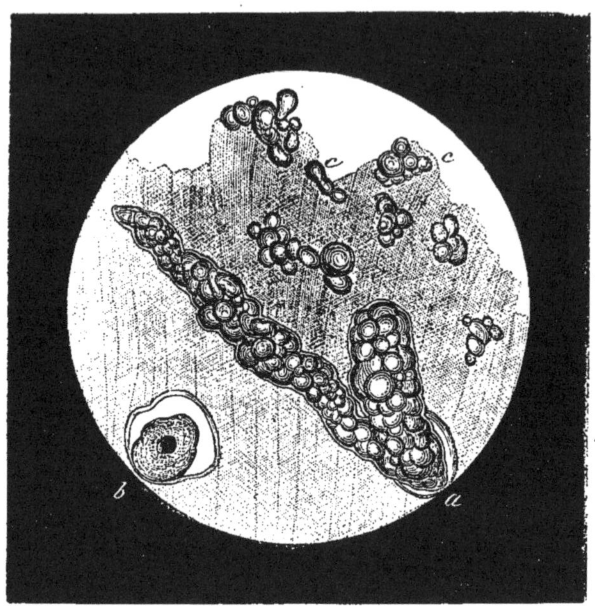

Fig. 2. — *Plaque de sclérose à l'état frais.* — *a*, gaîne lymphatique d'un vaisseau distendue par des gouttelettes graisseuses volumineuses. — *b*, vaisseau coupé transversalement. La tunique adventice est séparée de la gaîne lymphatique par un espace vide, les gouttelettes graisseuses qui distendaient la gaîne ayant disparu. — *c*, *c*, gouttelettes graisseuses, groupées en petits amas disséminés çà et là dans la préparation, en dehors des vaisseaux.

nuleux dépourvus de noyau et de membrane enveloppante (1). Des molécules protéiques se trouvent mêlées, par places, à ces

(1) En outre de ces corps granuleux proprement dits (*Fettkornchen Agglomerate*), on peut trouver, dans les plaques de sclérose, des corps granuleux ayant un noyau qui se colore par le carmin et une membrane d'enveloppe (*Fettkornchen Zellen*); ces derniers ne sont autres que des cellules de la névroglie ayant subi la dégénération granuleuse. — Voir sur la distinction à établir entre les diverses espèces de corps granuleux : I. Poumeau, *Thèse de Paris*, 1866. — Rokitansky, *Bericht der Akad. d. Wiss. zu Wien.*, t. XXIV, 1857. — Wedl, *Rudim. of path. Histolog.* p. 292. London, 1855.

diverses granulations. Tous ces produits ressemblent exactement, vous le voyez, à ceux qui résultent de la désagrégation de la myéline, dans le cas de la section d'un cordon nerveux.

Poursuivons les analogies : sur les coupes longitudinales que je vous présente, on voit, en certains points, les granulations graisseuses disposées sous forme de longues traînées parallèles à la direction des tubes nerveux (1) ; sur les coupes transversales, elles constituent çà et là de petits amas séparés ou îlots, qui correspondent assez exactement au siége des alvéoles. A la vérité, le plus habituellement, les granulations ont franchi les limites de celles-ci et se sont répandues dans les tissus voisins. Mais cela n'a rien qui puisse surprendre lorsque l'on sait que les tubes nerveux de la moelle sont dépourvus de cette gaîne celluleuse ou gaîne de Schwann, qui, dans les nerfs sectionnés, contient de toutes parts les produits de la désagrégation de la myéline. Les mailles du réticulum et les interstices des fibrilles offrent d'ailleurs des voies faciles par lesquelles les gouttes de myéline, ainsi que les granulations graisseuses pourront s'infiltrer et se répandre au loin (2).

En dernier lieu, nous ferons remarquer que les masses d'apparence médullaire et les granulations graisseuses ne se rencontrent jamais au centre de la plaque de sclérose, c'est-à-dire dans les régions où la métamorphose fibrillaire et le travail de destruction des tubes nerveux sont terminés. Au contraire, elles occupent toujours les parties les plus extérieures de la plaque (3), ou, autrement dit, les zones périphériques ou de transition. Or sur ces points, vous le savez, le processus morbide est en pleine activité : c'est là, en effet, que, comprimé de tous côtés et étouffé par des trabécules du réticulum qui se sont épaissies, et, plus tard, par les faisceaux fibrillaires qui tendent à envahir les alvéoles, le cylindre médullaire s'amoindrit progressivement, puis disparaît, le tube nerveux n'étant plus représenté finale-

---

(1) Il n'est pas rare de rencontrer, au milieu des fibrilles, des cylindres d'axe en partie dénudés, mais auxquels adhèrent encore çà et là des masses globuleuses ayant l'apparence de la myéline.

(2) Charcot, *Soc. de Biolog.*, 1868.

(3) *Ibidem*.

ment que par le cylindre d'axe. L'accumulation des gouttelettes médullaires ou graisseuses et la destruction du cylindre de myéline ont donc lieu simultanément; on peut même ajouter qu'elles procèdent du même pas, puisque celle là cesse de se produire lorsque celle-ci est définitivement accomplie. Évidemment la coexistence des deux phénomènes ne saurait être fortuite, et, tenant compte de tout ce qui précède, il nous paraît légitime de conclure que les corpuscules médullaires et graisseux en question ne sont autres que les débris, les détritus provenant de la désagrégation des tubes nerveux (1).

Que deviennent, par la suite, ces granulations graisseuses? Elles disparaissent vraisemblablement par voie de résorption; vous savez qu'on n'en retrouve plus traces dans les parties centrales des foyers scléreux. C'est ici le lieu de signaler à votre attention un phénomène qui se rattache, sans aucun doute, au phénomène de cette résorption. Ainsi que vous pourrez le constater sur les préparations que je vais faire passer sous vos yeux, dans les parties où se rencontrent les produits de la désagrégation des tubes nerveux, les gaînes lymphatiques des petits vaisseaux renferment dans leur cavité, en proportion variable, soit des granulations graisseuses, soit même, bien que plus rarement, des corpuscules présentant les caractères de la myéline. En certains points, ces divers produits sont tellement abondants que les gaînes lymphatiques sont distendues à l'excès; les vaisseaux paraisssent alors avoir acquis un volume double ou triple de ce qu'il est dans l'état normal, et ils se dessinent sous forme de petites traînées blanches, visibles à l'œil nu, sur le fond gris de la plaque sclérosée. Cependant les tuniques elles-mêmes de ces vaisseaux n'offrent pas d'autres altérations que celles qui ont été indiquées plus haut et qui n'ont certainement aucun rapport avec la dégénération athéromateuse En somme, il s'agit là d'une infiltration graisseuse consécutive des gaînes lymphatiques et nullement d'une lésion primitive des parois vasculaires. Le même phénomène se retrouve dans le ramollis-

(1) Cette opinion a été formulée déjà très-nettement, par Rokitansky, en 1858. (*Bericht*, etc., *loc. cit.*, 1857.)

sement cérébral par oblitération artérielle, dans la plupart des formes de la sclérose primitive ou secondaire, et, en un mot, dans des affections des centres nerveux très-diverses, mais qui ont toutefois ceci de commun, qu'elles déterminent la dégénération graisseuse des tubes nerveux. Le véritable caractère de ce phénomène parait avoir été soupçonné par Gull (1) et par Billroth (2), mais il a été mis en lumière surtout par M. Bouchard, dans ses belles études sur les dégénérations secondaires de la moelle épinière (3).

La description qui vient de vous être présentée, de l'altération scléreuse en plaques disséminées, est surtout relative à la substance blanche, mais elle peut s'appliquer également, d'une manière générale au moins, à la substance grise. Dans les deux substances, en effet, la névroglie est faite sur le même modèle, et les altérations qui s'y produisent ne diffèrent pas essentiellement. Aussi ne donnerai-je, d'après les observations que j'ai pu faire, une mention spéciale qu'aux modifications qu'éprouvent les cellules nerveuses, lorsque, par suite de l'envahissement de la substance grise, elles se trouvent comprises dans l'aire d'une plaque de sclérose. Ces cellules ne sont pas le siége d'une prolifération nucléaire, contrairement à ce qui a lieu dans les mêmes circonstances pour les cellules conjonctives dont les noyaux se multiplient habituellement, et c'est même là un caractère qui, au besoin, conduirait à distinguer l'un de l'autre les deux ordres d'éléments; elles subissent une altération particulière qu'on pourrait désigner du nom de *dégénération jaune*, en raison de la coloration ocreuse parfois assez prononcée qu'elles présentent; elles cessent d'être vivement colorées par le carmin comme dans l'état normal; le noyau et la nucléole paraissent formés d'une substance d'aspect vitreux, brillante. Il en est de même du corps de cellule qui, en outre, semble composé de couches concentriques. Enfin une atrophie, capable d'amener une diminution de volume relativement consi-

(1) *Cases of paraplegia.* — *Guy's hosp. reports*, 3e sér., 1858, t. IV.

(2) *Archiv. der Heilkunde*, 3 jahr., p. 47

(3) Bouchard, *Arch. gén. de méd.*, mars et avril 1866, et *Thèses de Paris*, 1867, p. 41.

dérable, s'empare de toutes les parties de la cellule en même temps que des prolongements cellulaires se flétrissent et disparaissent (1).

Dans l'encéphale, et aussi sur les nerfs optique et olfactif, les plaques de sclérose présentent essentiellement le même caractère que dans la moelle, et nous ne croyons pas qu'il soit utile d'entrer, à cet égard, dans de nouveaux détails.

Parvenus au terme de cette étude, nous pouvons essayer de rétablir, dans l'ordre naturel de leur succession, les phénomènes qui composent l'altération dont il s'agit, et chercher ainsi à reconnaître le mode pathologique suivant lequel cette altération se constitue.

Incontestablement, la multiplication des noyaux et l'hyperplasie concomitante des fibres réticulées de la névroglie sont le fait initial, fondamental, l'antécédent nécessaire; l'atrophie dégénérative des éléments nerveux est secondaire, consécutive; elle a déjà commencé à se produire lorsque la névroglie fait place au tissu fibrillaire, bien qu'elle marche alors d'un pas plus rapide. L'hyperplasie des parois vasculaires ne joue ici qu'un rôle accessoire.

En quoi consiste l'affection de la névroglie qui marque le début de cette série de désordres? Il est facile d'y retrouver tous les caractères de l'irritation formatrice. Mais, après avoir reconnu que la sclérose en plaques est une myélite ou une encéphalite interstitielle chronique primitive et uniloculaire, il nous restera à déterminer les caractères histologiques qui la distinguent des autres formes de la sclérose des centres nerveux, et aussi de plusieurs espèces de myélite ou d'encéphalite qui, prenant également leur point de départ dans la névroglie, n'aboutissent pas néanmoins à la métamorphose fibrillaire. Nous entreprendrons en temps opportun de remplir cette tâche. Pour le moment, nous avons hâte de laisser l'anatomie pathologique pour la clinique, et de vous montrer par quel appareil de symptômes se révèle la sclérose en plaques des centres nerveux.

(1) Frommann. *loc. cit.* — Vulpian, *Cours de la Faculté*, 1868. — Charcot, *Soc. de Biolog.*, 1868.

PARIS. — IMPRIMERIE L. POUPART-DAVYL, RUE DU BAC, 30.

www.ingramcontent.com/pod-product-compliance
Ingram Content Group UK Ltd.
Pitfield, Milton Keynes, MK11 3LW, UK
UKHW021909260726
13966UKWH00006B/1750